1. Avant de partir...

Questionnement individuel **écrit** à effectuer **avant et après** le
discuterons à l'oral ensuite au retour lors d'une HVC.

Q1 : Existe-t-il plusieurs sortes de bateaux à voile ? Peux-tu en citer ?

Avant : _____

_____

Après : _____

_____

Q2 : Que veut dire naviguer pour toi ?

Avant : _____

_____

Après : _____

_____

Q3 : Comment faire de la voile sans danger ?

Avant : _____

_____

Après : _____

_____

Q4 : As-tu peur d'aller faire de la voile ? Pourquoi ?

Avant : _____

_____

Après : _____

_____

2. L'importance du sommeil en voyage sportif :

Le sommeil et l'activité physique

Bien dormir permet de reposer ses muscles pour être plus performants, d'améliorer sa concentration et d'améliorer la mémorisation. Autant de bienfaits nécessaires au bon déroulement d'une semaine sportive où un niveau d'attention élevé est exigé afin de ne pas se mettre en danger ni les autres, ni nous-même. Une telle semaine va également mobiliser les différents muscles du corps et les nombreuses notions abordées devront être comprises et retenues pour une pratique sportive efficace et sécurisée. Ainsi, pour être en forme un adolescent doit dormir entre 9h et 10h par nuit.

C'est pourquoi, tout au long de ton séjour, tu devras remplir le tableau suivant. Les données recueillies seront utilisées plus tard en cours de SVT :

	Heure du réveil	Etat de fatigue et humeur au réveil (reposé, fatigué... grognon, de bonne humeur, stressé....)	Etat de fatigue et humeur en fin de matinée	Etat de fatigue et humeur en fin de journée	Concentration tout au long de la journée	Activité avant de dormir (lecture, discussion, jeux, téléphone....)	Temps avant de s'endormir (rapide, moyen, long)	Heure du coucher
Lundi								
Mardi								
Mercredi								
Jeudi								
Vendredi								

3. Un bon départ pour une bonne alimentation : petit rappel…

4. Découverte sensorielle du milieu marin : Les dunes

Objectif : *Se familiariser avec le milieu environnant et son vocabulaire.*

Ateliers :

- Ecoute du paysage
- Lecture d'une carte IGN
- Reconnaissance au touché de trois objets naturels cachés dans un gant
- L'histoire des dunes : comment se sont-elles formées ?

  _____

- Les animaux des dunes : recherche de traces (_____)
- La côte sauvage (vocabulaire : pointe, crique, côte rocheuse découpée et vallonnée, granite, anse, baie, etc…)
- La nature et les déchets : avoir un comportement respectueux lorsqu'on est en milieu naturel, particulièrement à la plage.

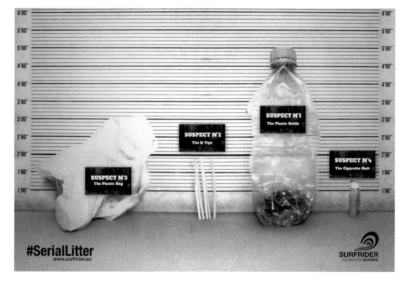

- Dessin d'un morceau de paysage

- Observations

_____
_____
_____
_____
_____
_____
_____
_____
_____
_____
_____
_____

5. Les règles d'or à respecter en voile

Ecris ou dessine les 4 principales règles d'or.

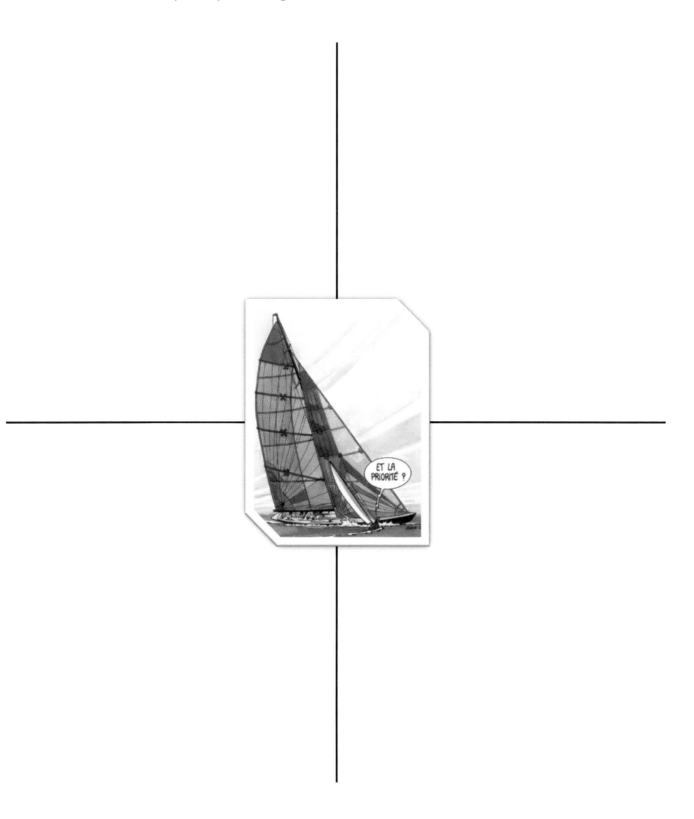

6. Connaître l'embarcation :

A. Place les différents éléments d'un catamaran au bon endroit :

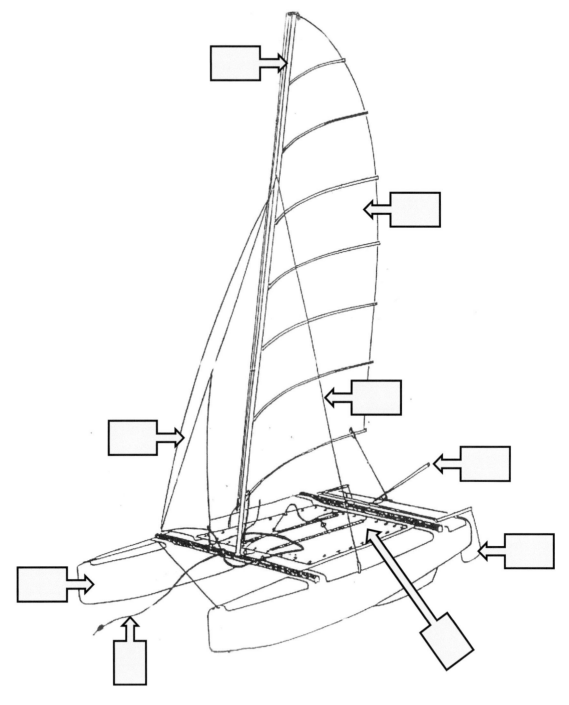

1. Mât	4. Safran	7. Trampoline
2. Coque	5. Foc	8. Hauban
3. Voile	6. Barre	9. Ecoute

3. Relie ce qui a la même fonction sur un catamaran et sur une voiture

7. Connaissance du matériel - S'équiper pour faire de la voile :

A. Numérote dans l'ordre les étapes de l'équipement :

☐ Monter sur le bateau

☐ Porter le bateau, le mettre à l'eau et l'attacher

☐ Aller chercher un gouvernail et une dérive et les mettre dans son bateau

☐ Installer la dérive sur le bateau

☐ Aller chercher une voile et l'installer sur le bateau

☐ Prendre un gilet de sauvetage, le mettre et l'attacher

☐ Installer le gouvernail sur le bateau

☐ Installer l'écoute sur le bateau

3. Ecris le nom de chaque matériel et explique avec une phrase à quoi il sert :

Nom : ....
Utilité : ....
....
....
....

Nom : ....
Utilité : ....
....
....
....

Nom : ....
Utilité : ....
....
....
....

Nom : ....
Utilité : ....
....
....
....

8. Les termes marins :

Ecris une définition des termes marins suivants :

Bâbord	
Tribord	
Dessaler	
Gîter	
Virer de bord	
Border la voile	
Choquer la voile	
Empanner	

9. Le vent :

A. Dans chaque dessin, indique le sens du vent par une flèche

B. L'échelle de Beaufort :

En 1906, un amiral anglais, Francis de Beaufort, conçoit pour mesurer la force du vent une échelle qui portera son nom. Il utilise la frégate qu'il commande, en s'appuyant sur le nombre de voiles qu'elle porte selon les circonstances, comme instrument de mesure. Cette échelle classe de 0 à 12 le vent, et ses effets sur la terre et la mer.

Vitesse et force du vent		Echelle Beaufort	Vitesse en km/h
⊖	Calme	0	- de 1
	Brise faibles à modérée	1 à 3	1 à 19
	vent frais	4 à 6	20 à 49
	Coups de vent	7 et 8	50 à 74
◎	tempêtes, ouragans	9 à 12	+ de 75

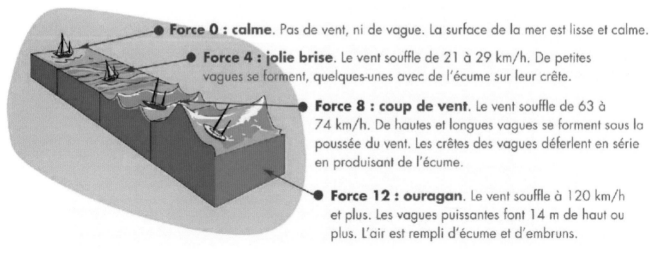

● **Force 0 : calme.** Pas de vent, ni de vague. La surface de la mer est lisse et calme.

● **Force 4 : jolie brise.** Le vent souffle de 21 à 29 km/h. De petites vagues se forment, quelques-unes avec de l'écume sur leur crête.

● **Force 8 : coup de vent.** Le vent souffle de 63 à 74 km/h. De hautes et longues vagues se forment sous la poussée du vent. Les crêtes des vagues déferlent en série en produisant de l'écume.

● **Force 12 : ouragan.** Le vent souffle à 120 km/h et plus. Les vagues puissantes font 14 m de haut ou plus. L'air est rempli d'écume et d'embruns.

2) A toi de jouer !

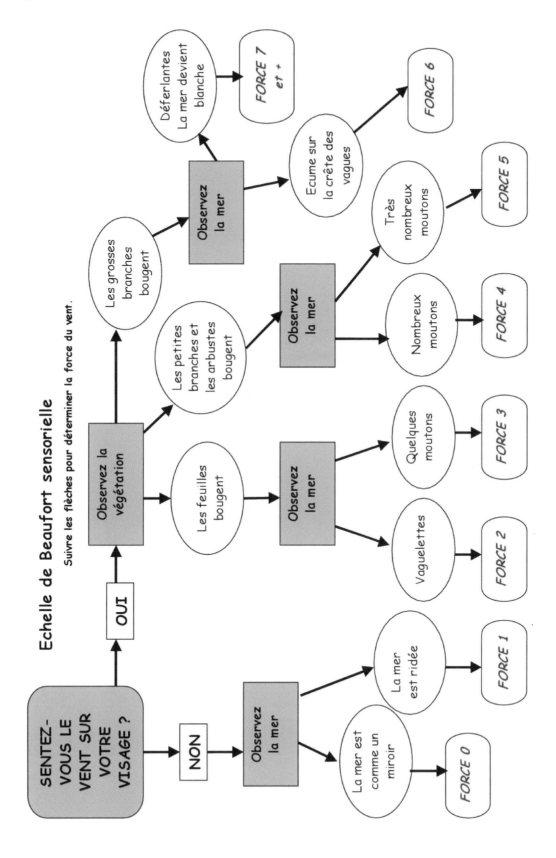

Echelle de Beaufort sensorielle

Suivre les flèches pour déterminer la force du vent.

SENTEZ-VOUS LE VENT SUR VOTRE VISAGE ?

OUI

NON

Observez la végétation

Observez la mer

Les grosses branches bougent

Les petites branches et les arbustes bougent

Les feuilles bougent

Observez la mer

Observez la mer

Observez la mer

Déferlantes La mer devient blanche

FORCE 7 et +

Ecume sur la crête des vagues

FORCE 6

Très nombreux moutons

FORCE 5

Nombreux moutons

FORCE 4

Quelques moutons

FORCE 3

Vaguelettes

FORCE 2

La mer est ridée

FORCE 1

La mer est comme un miroir

FORCE 0

LA ROSE DES VENTS

Matériel :

un compas

une règle

une équerre

une feuille A4

une gomme

des crayons de couleur

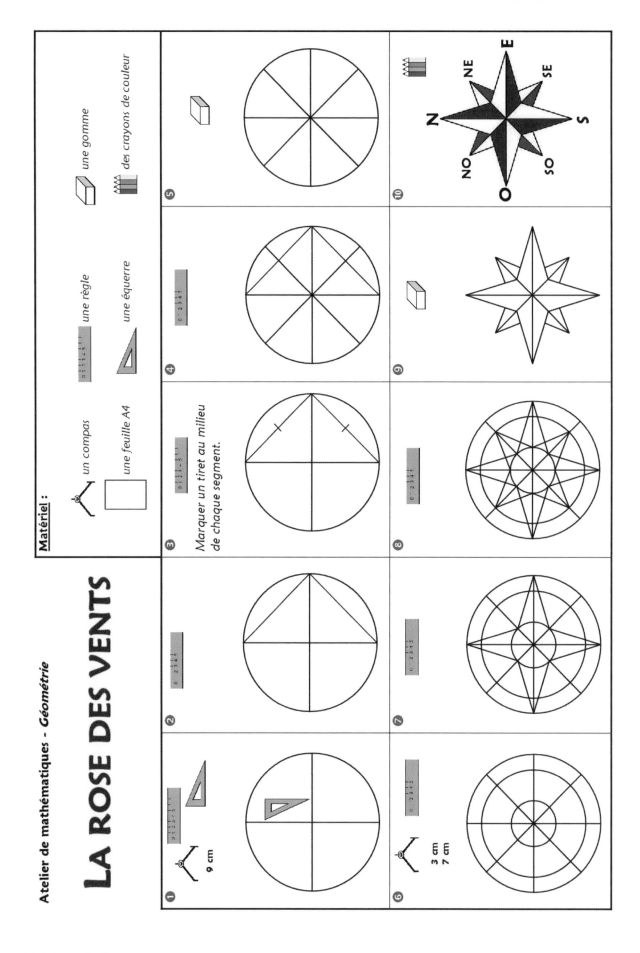

③ Marquer un tiret au milieu de chaque segment.

C. **Ta** rose des vents

D. L'utilisation du vent : les allures

Les allures

- Chaque fois que tu changes de route, tu règles tes voiles par rapport au vent.
- On appelle "allure" chaque direction dans laquelle le bateau peut naviguer.
- On appelle "amure" le côté par lequel le bateau reçoit le vent pour avancer :
  - Tribord amure : le bateau reçoit le vent du côté tribord.
  - Bâbord amure : le bateau reçoit le vent du coté bâbord.

Zone face au vent

Près tribord amure

Près bâbord amure

Travers tribord amure

Travers bâbord amure

Largue tribord amure

Largue bâbord amure

Vent arrière tribord amure

0. Vocabulaire de base en voile:

- ∇ **ACCASTILLAGE** : Ensemble du matériel servant à manœuvrer un voilier (poulies, winches, cordages...).

- ∇ **GREEMENT** : matériel servant à installer les voiles, soit fixe pour le gréement dormant (mât, hauban, étais...) soit mobile pour le gréement courant (écoutes, drisses...).

  Gréer = installer tout l'accastillage nécessaire à la navigation.

  Dégréer = enlever tout le matériel ayant servi à la navigation.

- ∇ **BÔME** : tube perpendiculaire au mât qui tient le bord inférieur de la Grand voile.

- ∇ **BOUT** : désigne tout type de cordage sur un navire.

- ∇ **BOUT DE REMORQUAGE** : cordage, généralement posté à l'avant du bateau qui sert à le remorquer.

- ∇ **DÉRIVE** : partie immergée dépassant de la coque en profondeur, située dans un puit pouvant être relevée, que l'on immerge à volonté pour combattre la dérive !

- ∇ **ECOUTE** : cordage servant à régler une voile.

- ∇ **GITE** : inclinaison du bateau sur le côté sous l'effet du vent latéral dans les voiles ou d'un mauvais équilibrage des masses embarquées.

- ∇ **ETRE EN RAPPEL** : action pour l'équipage de se positionner du côté inverse de la gîte pour rétablir l'assiette du bateau.

- ∇ **GOUVERNAIL** : comprend le safran et la barre, permet de donner la direction au bateau.

- ∇ **BARRE** : partie du gouvernail actionnée par le pilote du bateau, manche droit relié au safran.

- ∇ **SAFRAN** : Partie immergée du gouvernail.

- ∇ **STICK** : prolongement de la barre.

11. Les nœuds :

Si les marins sont réputés pour une chose, c'est pour la réalisation de nœuds aussi divers que variés. Il en existe plusieurs centaines. Pour pratiquer le catamaran, il est nécessaire d'en connaître quelques-uns.

Vous trouverez ci-dessous les plus indispensables, entraînez-vous bien...

Le nœud de chaise

Le nœud de chaise est utilisé pour attacher les bateaux, les drisses de voile... À savoir faire les yeux fermés avec une main dans le dos...

Le nœud de huit

Utilisé comme nœud d'arrêt, le nœud de huit se retrouve au bout de toutes les écoutes de foc et de grand-voile.

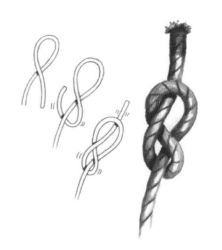

Lorsque l'on range un bout, il est nécessaire de bien le plier car c'est d'une part plus facile à déplier et ça permet d'autre part qu'il ne se déplie pas lors du stockage.

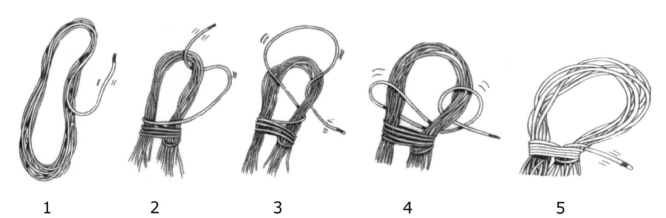

1   2   3   4   5

2. Conditions météo :

Lundi 13 mai	<u>Vent</u> : ☐ Faible	☐ Moyen	☐ Fort
	<u>Mer</u> : ☐ Lisse	☐ Moutonneuse	☐ Agitée
	<u>Temps</u> : ☐ Ensoleillé	☐ Nuageux	☐ Pluvieux
Mardi 14 mai	<u>Vent</u> : ☐ Faible	☐ Moyen	☐ Fort
	<u>Mer</u> : ☐ Lisse	☐ Moutonneuse	☐ Agitée
	<u>Temps</u> : ☐ Ensoleillé	☐ Nuageux	☐ Pluvieux
Mercredi 15 mai	<u>Vent</u> : ☐ Faible	☐ Moyen	☐ Fort
	<u>Mer</u> : ☐ Lisse	☐ Moutonneuse	☐ Agitée
	<u>Temps</u> : ☐ Ensoleillé	☐ Nuageux	☐ Pluvieux
Jeudi 16 mai	<u>Vent</u> : ☐ Faible	☐ Moyen	☐ Fort
	<u>Mer</u> : ☐ Lisse	☐ Moutonneuse	☐ Agitée
	<u>Temps</u> : ☐ Ensoleillé	☐ Nuageux	☐ Pluvieux
Vendredi 17 mai	<u>Vent</u> : ☐ Faible	☐ Moyen	☐ Fort
	<u>Mer</u> : ☐ Lisse	☐ Moutonneuse	☐ Agitée
	<u>Temps</u> : ☐ Ensoleillé	☐ Nuageux	☐ Pluvieux

13. La nouvelle :

Tu rédigeras sur les pages qui suivent, une **nouvelle réaliste ou fantastique** en t'aidant des cours de français.

La Bretagne et ses légendes, le milieu marin sont propices aux contes et nouvelles en tout genre.

Au cours de votre séjour sportif, vous serez attentifs à votre environnement et à vos activités pour imaginer (en binôme ?) un récit fantastique qui s'appuiera sur votre expérience.

Petits rappels sur la nouvelle fantastique :

- une nouvelle est un court récit dont la fin peut être surprenante (c'est la « chute » de la nouvelle)

- un récit fantastique est d'abord ancré dans une réalité crédible qui demande des descriptions réalistes

- le phénomène fantastique se caractérise par une hésitation entre une explication naturelle et une explication surnaturelle d'un même événement

- à la fin de votre récit le phénomène fantastique doit être résolu ou laisser planer le doute

- le champ lexical du doute doit dominer l'apparition du phénomène fantastique

- le champ lexical des sentiments permettra à votre lecteur de vivre cette expérience avec vous

↳Votre récit sera rédigé à la 1ᵉ personne du singulier

↳ Il n'excèdera pas une page recto/verso

↳ La langue sera soignée (vocabulaire précis, accords sujets-verbes, emploi des temps, phrases courtes)

↳ Vous pourrez accompagner votre récit d'un titre, d'une illustration (photo, dessin...)

Pour vous aider, des pistes à explorer pour trouver des idées

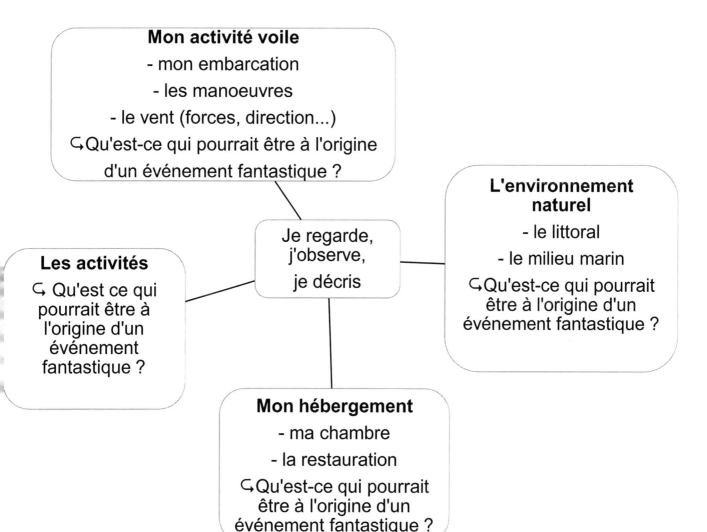

Mon activité voile

- mon embarcation

- les manoeuvres

- le vent (forces, direction...)

↳Qu'est-ce qui pourrait être à l'origine d'un événement fantastique ?

Je regarde, j'observe, je décris

L'environnement naturel

- le littoral

- le milieu marin

↳Qu'est-ce qui pourrait être à l'origine d'un événement fantastique ?

Les activités

↳ Qu'est ce qui pourrait être à l'origine d'un événement fantastique ?

Mon hébergement

- ma chambre

- la restauration

↳Qu'est-ce qui pourrait être à l'origine d'un événement fantastique ?

Titre :

Comment la mer devint salée

En ces temps-là, il y a très longtemps, les hommes aimaient inventer des histoires pour expliquer ce qu'ils ne comprenaient pas. Voici ce qu'ils racontaient pour expliquer pourquoi l'eau de la mer est salée.

Il était une fois, un pauvre bûcheron. Un soir, alors qu'il préparait son dîner, un tout petit homme apparut et lui dit :

« Je suis le nain Flic-Floc, j'ai faim.

- Assieds-toi à côté de moi, répondit le bûcheron, nous allons partager mon repas. »

Ils se mirent à table et vidèrent ensemble une marmite de soupe de légumes bien chaude avec quelques saucisses grillées.

A la fin du repas, le nain Flic-Floc dit au bûcheron :

« Tu es généreux. Alors, je vais te faire un cadeau. Voici pour toi, un moulin magique. Il suffit de dire : *Petit moulin, il faut me moudre ceci et le moudre bien vite* pour qu'il se mette à moudre tout ce que tu désires. Pour l'arrêter, tu n'auras qu'à dire *marala-matata-maliba.* » Et le nain disparut très vite.

Le bûcheron posa le moulin devant sa vieille cabane et lui dit : « *Petit moulin, il faut me moudre une belle maison et la moudre bien vite.* » Et le petit moulin se mit à moudre la plus jolie des maisons. Comme le moulin finissait de moudre la dernière tuile du toit, le bûcheron s'écria : « *Marala-matata-maliba* ! » et le moulin s'arrêta. Emerveillé, le bûcheron porta le moulin dans le pré et lui dit : « *Petit moulin, il faut me moudre des animaux et les moudre bien vite.* » Et le moulin se mit à moudre des moutons, des chevaux et des cochons.

Comme le petit moulin finissait de moudre la queue du dernier petit cochon, le bûcheron s'écria : « *Marala-matata-maliba* ! » et le moulin s'arrêta. Ensuite, le bûcheron fit la même chose avec les vêtements : chaussettes, pantalons, tricots, bonnets…Si bien qu'à la fin, il eut tout ce qu'il lui fallait. Alors, il rangea le moulin magique et n'y pensa plus.

Un jour, le capitaine d'un grand bateau de pêche arriva chez le bûcheron. Il venait acheter le plus beau des arbres de la forêt pour remplacer le mât de son bateau cassé par la tempête. Il voulait aussi de belles planches bien solides pour réparer la coque de son bateau qui s'était percée sur des rochers. Le bûcheron l'écouta et lui dit : « Ne vous inquiétez pas. Dès demain tout sera prêt ! » Alors, il alla chercher le moulin magique et dit : « *Petit moulin, il faut me moudre de belles planches et les moudre bien vite.* » Et le moulin se mit à moudre les planches sous les yeux émerveillés du capitaine.

Le lendemain matin, le capitaine vint récupérer les planches et pendant que le bûcheron avait le dos tourné, il vola le moulin et courut jusqu'à son bateau. Dès qu'il fut en mer, le capitaine appela les matelots : « Allez chercher les tonneaux de sel, nous allons les remplir ! » Puis il prit le petit moulin et lui dit : « *Petit moulin, il faut me moudre du sel et le moudre bien vite.* » Et le moulin se mit à moudre, à moudre du sel, du beau sel blanc tout en poudre fine.

Quand les tonneaux furent pleins, le capitaine lui dit : « En voilà assez, petit moulin, nous avons de quoi saler toutes les morues et tous les harengs que nous pêcherons. » Mais le moulin continuait de moudre du beau sel blanc tout en poudre fine. Et le sel s'amassait sur le pont du bateau.

« Assez, criait le capitaine furieux, assez ! » Mais le moulin ne voulait rien savoir. Et le sel commençait à remplir les cales du bateau. A la fin, comme le bateau trop chargé allait couler, le capitaine prit le moulin et le jeta par-dessus bord. Le moulin tomba au fond de la mer.

Et le moulin continua à moudre du beau sel blanc tout en poudre fine… C'est depuis ce jour, que l'eau de la mer est salée.

Le drapeau breton : Gwenn-ha-du : le " blanc et noir "

Ce drapeau a été dessiné au début du XXe siècle, en s'inspirant du blason de Rennes et de la bannière étoilée des États-Unis. Les bandes du drapeau breton représentent les 9 anciens évêchés :

- Les 4 bandes blanches pour la Bretagne bretonnante ou Breizh (Trégor, Léon, Cornouaille et Vannes)
- Les 5 bandes noires pour la Bretagne gallaise ou Bertaèyn (Dol, Nantes, Rennes, St-Malo et St-Brieuc)
- Les hermines (11) constituent l'héritage du duché de Bretagne.

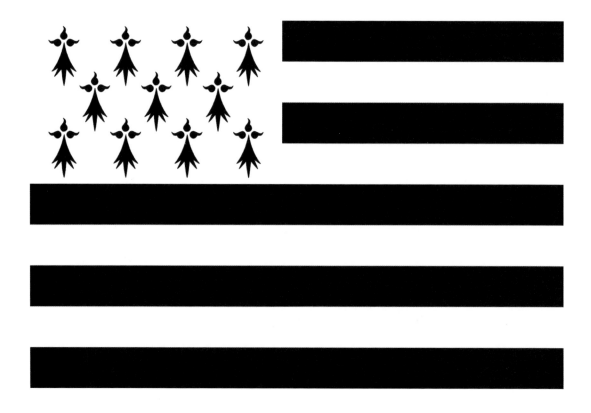

« **Ar mor** » c'est la mer (qui est masculin en breton). Elle longe les côtes de Bretagne sur plus de 2 652 kilomètres.

« **Traezh** » signifie sable, qui a donné « **an draezhenn** » la plage.

14. Auto-évaluation :

Ce qu'il faut savoir faire	Mon évaluation	Evaluation du prof
Je sais m'équiper (gilet, tenue)		
Je sais gréer, dégréer		
Je sais embarquer et débarquer en toute sécurité		
Je sais m'arrêter (avec l'écoute et avec la barre)		
Je sais me placer dans le bateau		
Je sais gonfler ma voile (réglage de l'écoute)		
Je sais atteindre une bouée par vent de travers		
Je sais virer de bord (face au vent)		
Je sais accoster		
Je sais choisir un parcours adapté à mon niveau		

Ce qu'il faut savoir	Mon évaluation	Evaluation du prof
Je connais quelques les termes marins et leur sens		
Je connais les indices qui permettent d'estimer la direction du vent		
Je connais les indices qui permettent d'estimer la force du vent		
Je sais nommer les différentes parties du catamaran		

Comment il faut se comporter	Mon évaluation	Evaluation du prof
Je respecte les consignes de sécurité, je ne me mets pas en danger		
Je sais coopérer avec mon camarade		

Printed in Great Britain
by Amazon